PATTERN DRILLS
IN
INTERMEDIATE
CONVERSATIONAL TIBETAN

by

Kenneth Liberman

and

Ngawangthondup Narkyid

LIBRARY OF TIBETAN WORKS AND ARCHIVES

ISBN 81-85102-67-8

Typeset by computer at LTWA

Published by the Library of Tibetan Works and Archives, Dharamsala and printed at Indraprastha Press (CBT), 4 Bahadur Shah Zafar Marg, New Delhi-110 002.

PREFACE

As my friend Kenneth Liberman has mentioned in his foreward, this booklet of Pattern Drills and a booklet of Pronunciation Drills, published separately are some of the results of an intensive course in conversational Tibetan that I gave in 1985, in Eugene, Oregon, USA.

I suggested to the students that the materials we had covered be gathered together in a book or series of booklets. Having already organized the course Ken was enthusiastic about the idea and agreed to follow it up.

In Spring 1986 Ken came to Dharamsala to study language and philosophy at the Library of Tibetan Works and Archives (LTWA) and we worked on the first draft that he had done. I had to rewrite most of it, and eventually it was finalized and I recorded the Tibetan pronunciation on tape.

LTWA agreed to Ken's request to publish this and a booklet of Pronunciation Drills. I would have further improved the final draft, but have had no opportunity to do so. Nevertheless, it is hoped that it will be useful to the Tibetan language students, which was our original intention.

Finally, I would like to thank Kenneth Liberman for his cooperation and contribution, for without his effort the booklets would not have come out by this time.

Furthermore, I would like to take this opportunity to express my sincere gratitude to Dr. Thom Jefferson, founder of the Tibetan Library in Eugene, Oregon, for his pioneering work for the promotion of Tibetan Studies in Eugene, and also for his sympathetic cooperation in bringing out these two booklets, and whose exemplary honesty I greatly admire.

Ngawangthondup Narkyid
Thekchen Choeling
Mcleod Ganj 176219
Dharamsala (H.P.) India   April 25, 1989

The intensive course in conversational Tibetan given by Ngawangthondup Narkyid in Eugene during the summer of 1985 contained a wealth of information about how to hear spoken Tibetan and presents information that is not available in most Tibetan language textbooks. Students are referred to Ngawangthondup Narkyid's *Three Study Tools* (third edition), published by the Library of Tibetan Works and Archives in Dharamsala, India, which may be used as a companion volume.

This workbook provides extensive aural drill for the purpose of training the student's ear to recognize standard Tibetan pronunciation. For this reason, one must use the book along with its accompanying tape, recorded by Ngawangthondup Narkyid at the University of Oregon.

Kenneth Liberman
Department of Sociology
University of Oregon
Eugene, Oregon 97403
U.S.A.

Pattern Drills in Intermediate Conversational Tibetan

Pattern drills are a method of language learning which restricts the learner to the linguistic world of the language being studied. By requiring the student to think in the language s/he is learning, such drills are an excellent means for students at an intermediate level to make speedy progress. To date, there have been no pattern drills prepared for Tibetan language learning; to help fill this gap the authors have developed this collection.

These drills exercise the student's knowledge of grammar, as the student must be able to recognize not only the meaning of each word being introduced but also must know how to employ it correctly in the syntactical context of the sentence. In addition, these drills provide a good deal of training in homonyms and near-homonyms, which students of Tibetan frequently find confusing. It is hoped that drill in some of these will help intermediate students to clarify some of the more difficult sets of homonyms. Finally, these drills provide considerable exercise in the correct employment of the honorific terms.

This workbook should be treated as an aural exercise; that is, the student should not 'hang on' to the written text of the tape provided in the booklet, but should test and develop his or her aural grasp of conversational Tibetan. If one attempts to think in Tibetan, referring to the text only when becoming confounded, one will progress more quickly.

The structure of all the pattern drills is the same: *first,* a base sentence is provided by the speaker on the tape; a pause follows during which the student is to repeat the sentence, taking care to use correct pronunciation; *second,* a new word or clause is provided. This word or clause must be recognized by the student and employed in an appropriate place in the basic sentence, transforming the sentence where appropriate. Any word or words which stood dropped, and any words incompatible with the new word should be removed. The student then utters the correct new sentence. *Third,* the student should listen to see if his sentence conforms with the correct sentence provided by the speaker on the tape. *Fourth,* the student should repeat this sentence, again taking care to observe correct pronunciation. *Finally,* the student should ready herself to respond to the next new word by altering the new base sentence to include it, again replacing any words which stand in its grammatical position, and so forth. When one must refer to the text, be sure to keep the English translation (in the right-hand column) and the succeeding line of the Tibetan text covered up with two separate cards or pieces of paper.

Throughout each drill, be mindful of the tense and honorific or non-honorific requirements of each new word introduced. Occasionally, a new subject will require a transformation of nouns and/or verbs to honorific forms; likewise, the employment of new nouns and verbs will have a global effect upon the sentence. The drills are organized into beginning, intermediate and advanced levels, and the student should perform the drills in each section several times, absorbing all of the grammatical lessons and vocabulary which they contain before proceeding to the subsequent section.

BEGINNING DRILLS

སློང་བདར་དང་པོ།

ང་ཚོས་ཁང་པ་ཅིག་རྒྱག་དགོས་རེད།

We must build a house.

ཡོད་

ང་ཚོས་ཁང་པ་ཅིག་རྒྱག་དགོས་ཡོད།

We want to build a house.

འདོད་

ང་ཚོས་ཁང་པ་ཅིག་རྒྱག་འདོད་ཡོད།

We desire to build a house.

གི་ཡིན་

ང་ཚོས་ཁང་པ་ཅིག་རྒྱག་གི་ཡིན།

We will build a house.

གི་ཡོད་

ང་ཚོས་ཁང་པ་ཅིག་རྒྱག་གི་ཡོད།

We are building a house.

བརྒྱབ་

ང་ཚོས་ཁང་པ་ཅིག་བརྒྱབ་པ་ཡིན།

We built a house.

གསར་པ་

ང་ཚོས་ཁང་པ་གསར་པ་ཅིག་བརྒྱབ་པ་ཡིན།

We built a new house.

ཆེན་པོ་

ང་ཚོས་ཁང་པ་གསར་པ་ཆེན་པོ་ཅིག་བརྒྱབ་པ་ཡིན།

We built a big new house.

མཐོ་པོ་

ང་ཚོས་ཁང་པ་གསར་པ་ཆེན་པོ་མཐོ་པོ་ཅིག་བརྒྱབ་པ་ཡིན།

We built a tall, big new house.

སེར་པོ་

ང་ཚོས་ཁང་པ་གསར་པ་ཆེན་པོ་སེར་པོ་མཐོ་པོ་ཅིག་བརྒྱབ་པ་ཡིན།

We built a tall, yellow, big new house.

མང་པོ་

ང་ཚོས་ཁང་པ་གསར་པ་ཆེན་པོ་སེར་པོ་མཐོ་པོ་མང་པོ་ཅིག་བརྒྱབ་པ་ཡིན།

We built many tall, yellow, big new houses.

1

ང་ག་འདྲས་སེ་འགྲོ་དགོས་རེད། | How do I go?

འབྲོ་

ངས་(འདི་)ག་འདྲས་སེ་བཟོ་དགོས་རེད། | How do I make [it]?

ཁོང་གིས་

ཁོང་གིས་(འདི་)ག་འདྲས་སེ་བཟོ་དགོས་ རེད། | How does he make [it]?

ག་པར་

ཁོང་གིས་(འདི་)ག་པར་བཟོ་དགོས་རེད། | Where must he make [it]?

གི་འདུག

ཁོང་གིས་(འདི་)ག་པར་བཟོ་གི་འདུག | Where does he make [it]?

ཀློག

ཁོང་གིས་ག་པར་ཀློག་གི་འདུག | Where does he read?

དེབ

ཁོང་གིས་དེབ་ག་པར་ཀློག་གི་འདུག | Where does he read the book?

པ་རེད

ཁོང་གིས་དེབ་ག་པར་བཀློགས་པ་རེད། | Where did he read the book?

བྲིས

ཁོང་གིས་དེབ་ག་པར་བྲིས་པ་རེད། | Where did he write the book?

ག་རེ་

ཁོང་གིས་དེབ་ག་རེ་བྲིས་པ་རེད། | What kind of book did he write?

འབྲི་

ཁོང་གིས་དེབ་ག་རེ་འབྲི་གི་རེད། | What kind of book will he write?

དགོས་རེད་

ཁོང་གིས་དེབ་ག་རེ་འབྲི་དགོས་རེད། | What kind of book should he write?

ངས་ག་རེ་འབྲི་དགོས་རེད། | What shall I write?

ལབ

ངས་ག་རེ་ལབ་དགོས་རེད། | What shall I say?

ཁྱེད་རང་ཤེས་

ཁྱེད་རང་གིས་ག་རེ་གསུང་དགོས་རེད། | What should you say?

ཞུ་

ཁྱེད་རང་གིས་ག་རེ་ཞུ་དགོས་རེད། | What should you ask?

གནང་

ཁྱེད་རང་གིས་ག་རེ་གནང་དགོས་རེད། | What should you do?

ང་

ང་ག་རེ་བྱེད་དགོས་རེད། | What shall I do?

བསླབ

ང་ག་རེ་བསླབ་དགོས་རེད། | What shall I learn?

3

སྐྱོང་བདར་བཞི་པ།

ཁྱེད་རང་ལ་དུས་ཚོད་ཡོད་ན་དུ་སྐྱོད་ཆ་
ཆོག་ཆམ་ཧོད་ཡག་ཡོད།

If you have time,
I have a little bit to say.

བགའ་འདྲི་ཞུ་ཡག་ཅིག

ཁྱེད་རང་ལ་དུས་ཚོད་ཡོད་ན་དུ་བགའ་
འདྲི་ཞུ་ཡག་ཅིག་ཡོད།

If you have the time, I have a question to ask.

ཚོག་ག་ཅིག

ཁྱེད་རང་ལ་དུས་ཚོད་ཡོད་ན་ངས་བགའ་
འདྲི་ཞུས་ཚོག་ག་ཅིག

If you have the time, let me ask a question.

ངས་གཞས་ཅིག་གཏོང་གི་ཡིན།

ཁྱེད་རང་ལ་དུས་ཚོད་ཡོད་ན་ངས་གཞས་
ཅིག་གཏོང་གི་ཡིན།

If you have the time, I'll sing a song.

མཉེས་པོ་ཡོད་ན་

ཁྱེད་རང་མཉེས་པོ་ཡོད་ན་ངས་གཞས་ཅིག་
གཏོང་གི་ཡིན།

If you like, I'll sing a song.

འབུལ་གི་ཡིན་

ཁྱེད་རང་མཉེས་པོ་ཡོད་ན་ངས་འབུལ་གི་
ཡིན།

If you like, [I] will give it [to you].

སྟེར་

ཁྱེད་རང་དགའ་པོ་ཡོད་ན་སྟེར་གི་ཡིན།

If you like, I'll give it to you [give as gift].

[note: ཁྱེད་དགའ་པོ་ and སྟེར་ are non-honorific]

སྤྲོད་

ཁྱེད་རང་དགའ་པོ་ཡོད་ན་སྤྲོད་གི་ཡིན།

If you like, I'll give it to you [give as to hand over].

4

སྐུང་བདར་ལུ་པ།

ང་ཁ་ལག་བཟའ་འདོད་ཡོད། དགོས་ཡོད།	I desire to eat.
ང་ཁ་ལག་བཟའ་དགོས་ཡོད། དགོས་རེད།	I want to eat.
ང་ཁ་ལག་བཟའ་དགོས་རེད། ཁོང་	I must eat.
ཁོང་ཞལ་ལག་མཆོད་དགོས་རེད། སྙིང་འདོད་གི་འདུག	She must eat.
ཁོང་ཞལ་ལག་མཆོད་སྙིང་འདོད་གི་འདུག སློ་པོ་ཅིག	She has a strong desire to eat.
ཁོང་ཞལ་ལག་སློ་པོ་ཅིག་མཆོད་སྙིང་འདོད་ གི་འདུག པ་རེད	She has a strong desire to eat delicious food.
ཁོང་ཞལ་ལག་སློ་པོ་ཅིག་མཆོད་སྙིང་འདོད་ པ་རེད། ང་	She had a strong desire to eat delicious food.
ང་ཁ་ལག་ཞིམ་པོ་ཅིག་བཟའ་སྙིང་འདོད་ བྱུང་། གི་འདུག	I had a strong desire to eat delicious food.
ང་ཁ་ལག་ཞིམ་པོ་ཅིག་བཟའ་སྙིང་འདོད་གི་ འདུག	I have a strong desire to eat delicious food.
ཆོག་ཆོག་ཡིན [drop ཞིམ་པོ་ཅིག] ང་ཁ་ལག་ཟས་ཆོག་ཆོག་ཡིན། ཕྱིན	I am ready to eat. [note: ཆོག་ཆོག requires a past participle.]
ང་ཕྱིན་ཆོག་ཆོག་ཡིན།	I am ready to go.

5

སྦྱོང་བདར་དྲུག་པ།

ངས་ནང་ལ་ལོག་དུས་ཇ་བཏུང་པ་ཡིན།

དེབ་ལྐོག་དུས།

When I returned home I drank some tea.

ངས་དེབ་ལྐོག་དུས་ཇ་བཏུང་པ་ཡིན།

འཐུང་

When I read the book I drank some tea.

ང་དེབ་ལྐོག་དུས་ཇ་འཐུང་གི་ཡིན།

ཚར་ནས་

When I read the book I will drink some tea.

ང་དེབ་ལྐོག་ཚར་ནས་ཇ་འཐུང་གི་ཡིན།

ཁ་ལག

After I'm finished reading the book, I'll drink some tea.

ང་དེབ་ལྐོག་ཚར་ནས་ཁ་ལག་བཟའ་གི་
ཡིན།

After I'm finished reading the book, I'll eat some food.

ཁྱེད་རང་

ཁྱེད་རང་དེབ་ལྐོག་ཚར་ནས་ཞལ་ལག་
མཆོད་གི་རེད།

After you are finished reading the book, you'll eat some food.

གག་ཡིབས་གི་རེད།

ཁྱེད་རང་དེབ་ལྐོག་ཚར་ནས་ཞལ་ལག་
མཆོད་གག་ཡིབས་གི་རེད།

After you are finished reading the book, you'll go eat some food.

བཟོ་

ཁྱེད་རང་དེབ་ལྐོག་ཚར་ནས་ཞལ་ལག་བཟོ་
གག་ཡིབས་གི་རེད།

After you are finished reading the book, you'll go to cook some food.

སྦྱོང་བདར་བདུན་པ།

ཁོ་ཁྱེད་རང་གི་ཁང་པའི་འགྲིས་ལ་སྡོད་ཀྱི་
འདུག

བསྡད
ཁོ་ཁྱེད་རང་གི་ཁང་པའི་འགྲིས་ལ་བསྡད་པ་
རེད།

ཁོང་ཁྱེད་རང་གི
ཁོང་ཁྱེད་རང་གི་ཁང་པའི་འགྲིས་ལ་
བཞུགས་པ་རེད།

ཚོང་ཁང་
ཁོང་ཁྱེད་རང་གི་ཚོང་ཁང་གི་འགྲིས་ལ་
བཞུགས་པ་རེད།

ཕེབས
ཁོང་ཁྱེད་རང་གི་ཚོང་ཁང་གི་འགྲིས་ལ་
ཕེབས་པ་རེད།

ང་ཚོས
ང་ཚོས་ཁྱེད་རང་གི་ཚོང་ཁང་གི་འགྲིས་ལ་
ཕྱིན་པ་ཡིན།

ཉེ་འགྲམ
ང་ཚོས་ཁྱེད་རང་གི་ཚོང་ཁང་གི་ཉེ་འགྲམ་
ལ་ཕྱིན་པ་ཡིན།

ཁོ
ཁོ་ཁྱེད་རང་གི་ཚོང་ཁང་གི་ཉེ་འགྲམ་ལ་ཕྱིན་
པ་རེད།

He is staying near your house.

He stayed near your house.

He (hon.) stayed near your house.

He (hon.) stayed near your store.

He (hon.) went near your store.

We went near your store. (intentional)

We went near your store. (intentional)

He went near your store [in general].

སྡོང་བདར་བདུན་པ།

སྡོང་	ཁོ་ཁྱེད་རང་གི་ཚོང་ཁང་གི་ཉེ་འགྲམ་ལ་ཕྱིན་སོང་།	He went near your store. [personal witness]
རྒྱང་	ཁོ་ཁྱེད་རང་གི་ཚོང་ཁང་གི་རྒྱང་ནས་ཕྱིན་སོང་།	He went far from your store.

སྡོང་བདར་བརྒྱད་པ།

	ང་བོད་སྐད་འཛིན་གྲ་ལ་འགྲོ་གི་ཡོད།	I am going to Tibetan class.
ཁོ་	ཁོ་བོད་སྐད་འཛིན་གྲ་ལ་འགྲོ་གི་འདུག	He is going to the Tibetan class.
ཕྱིན་	ཁོ་བོད་སྐད་འཛིན་གྲ་ལ་ཕྱིན་པ་རེད།	He went to the Tibetan class.
སྨན་ཁང་	ཁོ་སྨན་ཁང་ལ་ཕྱིན་པ་རེད།	He went to the hospital.
ཡོང་	ཁོ་སྨན་ཁང་ལ་ཡོང་པ་རེད།	He came to the hospital.
ཀུན་དགའ་ལགས་	ཀུན་དགའ་ལགས་སྨན་ཁང་ལ་ཕེབས་པ་རེད།	Kunga-la came/went to the hospital.
སོང་	ཀུན་དགའ་ལགས་སྨན་ཁང་ལ་ཕེབས་སོང་།	Kunga-la came/went to the hospital [personal witness].

8

སྦྱོང་བརྡར་བརྒྱད་པ།

མ་	
ཀུན་དགའ་ལགས་སྨན་ཁང་ལ་ཕེབས་མ་སོང་།	Kunga-la did not come/go to the hospital.
བྱུང་	
ཀུན་དགའ་ལགས་སྨན་ཁང་ལ་ཕེབས་མ་བྱུང་།	Kunga-la did not come/go [to see me] at the hospital.

སྦྱོང་བརྡར་དགུ་པ།

ཇ་བཏུང་པ་རེད།	[He/you] drank tea [in general].
ཤག	
ཇ་བཏུང་ཤག	[He/you] drank tea [evidence w/o witness].
སོང་	
ཇ་བཏུང་སོང་།.	[He/you] drank tea [personal witness].
འཐུང་	
ཇ་འཐུང་གི་འདུག	[He/you] are dranking tea.
རོགས་གནང་	
གསོལ་ཇ་མཆོད་རོགས་གནང་།	Please drink some tea.
གནང་	
གསོལ་ཇ་གནང་རོགས་གནང་།	Please have some tea.
བག་ལེབ་	
བག་ལེབ་གནང་རོགས་གནང་།	Please have some bread.
ངཱ་	
ངཱ་བག་ལེབ་གནང་རོགས་གནང་།	Please give me the bread.

བསྐུལ།

ད་བག་ལེབ་བསྐུག་རོགས་གནང་། — Please pass me the bread.

ངས་

ངས་བག་ལེབ་བསྐུགས་པ་ཡིན། — I passed the bread.

སྤྲད་

ངས་བག་ལེབ་སྤྲད་པ་ཡིན། — I passed the bread [give as to hand over].

མཐོང་བྱུང་

ངས་བག་ལེབ་མཐོང་བྱུང་། — I saw the bread.

ཁོས་

ཁོས་བག་ལེབ་མཐོང་སོང་། — He saw the bread.

བལྟས་པ་ཡིན

ངས་བག་ལེབ་ལ་བལྟས་པ་ཡིན། — I looked at the bread.

བལྟ་

ང་བག་ལེབ་ལ་བལྟ་གི་ཡོད། — I am looking at the bread.

རྟ་

ང་རྟ་ལ་བལྟ་གི་ཡོད། — I am looking at the horse.

མཐོང་བྱུང་

ངས་རྟ་མཐོང་བྱུང་། — I saw the horse.

INTERMEDIATE DRILLS

ངས་དགོན་པ་ལ་གོམ་པ་བརྒྱབ་ནས་ཕྱིན་པ་ཡིན།	I went to the monastery on foot.
ང་	
ང་དགོན་པ་ལ་གོམ་པ་བརྒྱབ་ནས་འགྲོ་གི་ཡོད།	I am going to the monastery on foot.
དཔེ་མཛོད་ཁང་	
ང་དཔེ་མཛོད་ཁང་ལ་གོམ་པ་བརྒྱབ་ནས་འགྲོ་གི་ཡོད།	I am going to the library on foot.
ཁོང་	
ཁོང་དཔེ་མཛོད་ཁང་ལ་གོམ་པ་བརྐྱེན་ནས་ཡིས་ཀྱི་འདུག	He is going to the library on foot.
ངའི་ཁང་པ་	
ཁོང་ངའི་ཁང་པ་ལ་གོམ་པ་བརྐྱེན་ནས་ཡིས་ཀྱི་འདུག	He is going to my house on foot.
ནང་ལ་	
ཁོང་ངའི་ནང་ལ་གོམ་པ་བརྐྱེན་ནས་ཡིས་ཀྱི་འདུག	He is going to my home on foot.
ཡིས་པ་རེད་	
ཁོང་ངའི་ནང་ལ་གོམ་པ་བརྐྱེན་ནས་ཡིས་པ་རེད།	He went/came to my home on foot [in general].
སོང་	
ཁོང་ངའི་ནང་ལ་གོམ་པ་བརྐྱེན་ནས་ཡིས་སོང་།	He went to my home on foot [personal witness].

སློང་བདར་བཅུ་པ།

ཤུང་	ཁོང་ངའི་ནང་ལ་གོམ་པ་བརྒྱུན་ནས་ཡིབས།	He came to my home on foot [to see me].
	ཕྱིང་།	

སློང་བདར་བཅུ་གཅིག་པ།

	ཁོས་ཕུ་རྒྱུག་གི་འདུག བདད་པ་རེད	He is whistling.
བདད་པ་རེད		
	ཁོས་བདད་པ་རེད།	He spoke.
ཤུ་		
	ཁོས་ཤུ་གི་འདུག	He is asking.
ལྷ་མོས་		
	ལྷ་མོས་ཤུ་གི་འདུག	Lhamo is asking.
ཕྱུང་		
	ལྷ་མོས་ཤུས་ཕྱུང་།	Lhamo asked [me].
མ་		
	ལྷ་མོས་ཤུས་མ་ཕྱུང་།	Lhamo did not ask [me].
སོང་		
	ལྷ་མོས་ཤུས་མ་སོང་།	Lhamo did not ask [him/her].
ཤེས་		
	ལྷ་མོས་ཤེས་མ་སོང་།	Lhamo did not know.
ངས་		
	ངས་ཤེས་མ་ཕྱུང་།	I didn't know.

14

ཕུ་གུ་འདི་གྱིང་པོ་འདུག
ཁྱིང་པོ
This child is bright.

ཕུ་གུ་འདི་གྱོང་པོ་འདུག
ཞེ་དྲག
This child is tough.

ཕུ་གུ་འདི་གྱོང་པོ་ཞེ་དྲག་འདུག
སྐྱིང་པོ
This child is very tough.

ཕུ་གུ་འདི་སྐྱིང་པོ་ཞེ་དྲག་འདུག
རེད
This child is very clever [personal witness].

ཕུ་གུ་འདི་སྐྱིང་པོ་ཞེ་དྲག་རེད།
སྐྱོང་གི་འདུག
This child is very clever [in general].

ཕུ་གུ་འདིས་སྐྱོང་གི་འདུག
མི
This child is practicing.

ཕུ་གུ་འདིས་སྐྱོང་གི་མི་འདུག
སློབ་སྦྱོང་བྱེད
This child is not practicing.

ཕུ་གུ་འདིས་སློབ་སྦྱོང་བྱེད་གི་མི་འདུག
ཆམ་ཆམ་ལ
This child is not studying.

ཕུ་གུ་འདི་ཆམ་ཆམ་ལ་འགྲོ་གི་མི་འདུག
མི
This child is not going for a walk.

མི་འདི་ཆམ་ཆམ་ལ་འགྲོ་གི་མི་འདུག
ཕྱིན་སོང་
This man is not going for a walk.

མི་འདི་ཆམ་ཆམ་ལ་ཕྱིན་སོང་།
This man went for a walk.

15

ངས་ཁོ་*ལ་དེབ་བསྟེར་བ་ཡིན།	I gave him the book [to give as a gift].

སྤྲད་

ངས་ཁོ་ལ་དེབ་སྤྲད་པ་ཡིན།	I gave him the book [to give as to pass or hand].

ཁ་ལག་

ངས་ཁོ་ལ་ཁ་ལག་སྤྲད་པ་ཡིན།	I gave him food [as a gift].

བཏང་

ངས་ཁོ་ལ་ཁ་ལག་བཏང་པ་ཡིན།	I offered him food [i.e., an invited guest].

གཞས་

ངས་ཁོ་ལ་གཞས་བཏང་པ་ཡིན།	I sang him a song [this has romantic connotations].

ཁོང་མཉམ་དུ་

ངས་ཁོང་མཉམ་དུ་གཞས་བཏང་པ་ཡིན།	I sang a song together with him.

ང་ཚོ་མཉམ་དུ་

ང་ཚོ་མཉམ་དུ་གཞས་བཏང་པ་ཡིན།	We sang a song together.

སྨྱུང་གནས་

ང་ཚོ་མཉམ་དུ་སྨྱུང་གནས་བཏང་པ་ཡིན།	We performed the nyung-ne practice together.

འདོད་ཡོད་

ང་ཚོ་མཉམ་དུ་སྨྱུང་གནས་གཏོང་འདོད་ཡོད།	We desire to perform the nyung-ne practice together.

ཁོང་ཚོ་

ཁོང་ཚོ་མཉམ་དུ་སྨྱུང་གནས་གཏོང་འདོད་འདུག	They desire to perform the nyung-ne practice together.

ལག་པ་

ཁོང་ཚོས་ལག་པ་གཏོང་འདོད་འདུག	They want to shake hands.

བཏང་པ་རེད་

ཁོང་ཚོས་ལག་པ་བཏང་པ་རེད།	They shook hands.

* the central Tibetan dialect uses ཁོར

16

 མ

ཁོང་ཚོས་ལག་པ་མ་བཏང་པ་རེད།   They did not shake hands.

སྦྱོང་བདར་བཅུ་བཞི་པ།

ཁོང་བདེ་པོ་རེད།   He is well.

དེ་རིང་

ཁོང་དེ་རིང་བདེ་པོ་རེད།   Today, he is well.

ཁྱེད་རང་

ཁྱེད་རང་དེ་རིང་བདེ་པོ་རེད།   Today, you are well.

འདུག་གས

ཁྱེད་རང་དེ་རིང་བདེ་པོ་འདུག་གས།   Are you well today?
[the implication is that the person was previously not well; i.e., this is not serviceable as daily greeting]

ཁ་ས

ཁྱེད་རང་ཁ་ས་བདེ་པོ་བྱུང་ངས།   Were you well yesterday? [" "]

ག་འདྲས་འདུག

ཁྱེད་རང་དེ་རིང་ག་འདྲས་འདུག   How are you today? [" "]

སློང་བདར་བཙོ་ལུ་པ།

ད་ལྟ་ང་བསམ་བློ་གཏོང་གི་ཡོད།
I am thinking now.

བསམ་བློ་ཅིག

ད་ལྟ་ང་བསམ་བློ་ཅིག་གཏོང་གི་ཡོད།
Now I am thinking something.

དེ་རིང་ཞོགས་ཀས་

དེ་རིང་ཞོགས་ཀས་ངས་བསམ་བློ་ཅིག
བཏང་པ་ཡིན།
This morning I was thinking something.

ཁྱེད་རང་གིས་

དེ་རིང་ཞོགས་ཀས་ཁྱེད་རང་གིས་དགོངས་
པ་ཅིག་བཞེས་པ་རེད།
This morning you were thinking something [in general].

ངས་ཕྱས་ན་...བཞེས་སོང་།

ངས་ཕྱས་ན་དེ་རིང་ཞོགས་ཀས་ཁྱེད་རང་
གིས་དགོངས་པ་ཅིག་བཞེས་སོང་།
I thought that you were thinking something this morning.

སློང་བདར་བཅུ་དྲུག་པ།

ཁོས་ལས་ཀ་འདི་བྱེད་ཐུབ་གི་རེད་པས། | Can he do this work?
[Before ཐུབ always use present tense].

ངས་

ངས་ལས་ཀ་འདི་བྱེད་ཐུབ་གི་རེད་པས། | Can I do this work?

ཆོག་ག་ཆེག

ངས་ལས་ཀ་འདི་བྱེད་ཆོག་ག་ཆེག | May I do this work?
[Before past tense is required].

ང་ཚོས་

ང་ཚོས་ལས་ཀ་འདི་བྱེད་ཆོག་ག་ཆེག | May we do this work?

ཆོག་ཆོག་ཡིན་

ང་ཚོས་ལས་ཀ་འདི་བྱས་ཆོག་ཆོག་ཡིན། | We are ready to do this work.
[ཆོག་ཆོག requires preceding past tense:
also, the subject intentionality is
dropped]

ཁ་ལག་བཟས་

ང་ཚོ་ཁ་ལག་བཟས་ཆོག་ཆོག་ཡིན། | We are ready to eat.

ཁོང་

ཁོང་ཞལ་ལག་མཆོད་ཆོག་ཆོག་རེད། | He is ready to eat.

རན་པག

ཁོང་ཞལ་ལག་མཆོད་རན་པག | It is time for him to eat the food.
[རན requires preceding present
tense].

ང་

ང་ཁ་ལག་ཟ་རན་པག | It is time for me to eat the food.

19

སློང་བ་དར་བཅུ་བདུན་པ།

ཚིགས་བཅད་ཅིག་ལ་ཚིགས་ཀྱང་བཞི་རེད། | There are four lines to a verse.

འདི་ [note: འདུག is the final verb]

ཚིགས་བཅད་འདི་ལ་ཚིགས་ཀྱང་བཞི་འདུག | There are four lines to this verse.

ཡོད་པ་རེད།

ཚིགས་བཅད་འདི་ལ་ཚིགས་ཀྱང་བཞི་ཡོད་པ་རེད། | This verse has four lines.

དོན་དག་བཞི།

ཚིགས་བཅད་འདི་ལ་དོན་དག་བཞི་ཡོད་པ་རེད། | This verse has four meanings.

གསུང་ཆོས།

གསུང་ཆོས་འདི་ལ་དོན་དག་བཞི་ཡོད་པ་རེད། | This teaching has four meanings.

བདེན་པ་བཞིའི་སྐོར་རེད།

གསུང་ཆོས་འདི་བདེན་པ་བཞིའི་སྐོར་རེད། | This teaching is about the four truths.

གཉིས་ཀྱི།

གསུང་ཆོས་འདི་བདེན་པ་གཉིས་ཀྱི་རེད། | This teaching is about the two truths.

བདེན་པའི་སྙིང་པོ།

གསུང་ཆོས་འདི་བདེན་པའི་སྙིང་པོ་རེད། | This teaching is the essence of truth.

ADVANCED DRILLS

སྦྱོང་བདར་བཅོ་བཅུད་པ།

ཁོ་ཡི་གེ་བྲིས་པའི་སྐབས་ལ་ང་ཚོས་གླུ་ས་
བཏང་པ་ཡིན།

While he was writing a letter, we sang.

རེང་ལ་

ཁོ་ཡི་གེ་བྲིས་པའི་རིང་ལ་ང་ཚོས་གླུ་ས་
བཏང་པ་ཡིན།

While he was writing a letter, we sang.

སྐད་བཅུབ་

ཁོ་ཡི་གེ་བྲིས་པའི་རིང་ལ་ང་ཚོས་སྐད་
བཅུབ་པ་ཡིན།

While he was writing a letter, we shouted.

སྨོན་ལམ་

ཁོ་ཡི་གེ་བྲིས་པའི་རིང་ལ་ང་ཚོས་སྨོན་ལམ་
བཅུབ་པ་ཡིན།

While he was writing a letter, we said prayers.

ཚར་ནས་

ཁོ་ཡི་གེ་བྲིས་ཚར་ནས་ང་ཚོས་སྨོན་ལམ་
བཅུབ་པ་ཡིན།

After he finished writing a letter, we said prayers.

ཆུག་

ཁོ་ཡི་གེ་བྲིས་ཚར་ནས་ང་ཚོས་སྨོན་ལམ་
ཆུག་གི་ཡིན།

After he finishes writing a letter, we will say prayers.

23

སློང་བདར་བཅུ་དགུ་པ།

ཆུ་བསྐོལ་གི་རེད།	[S/he/you] will boil the water.
པ་རེད	
ཆུ་བསྐོལ་པ་རེད།	[S/he/you] boiled the water [instrumental case].
འཁོལ་	
ཆུ་འཁོལ་པ་རེད།	The water boiled [intransitive].
ཁག་	
ཆུ་འཁོལ་ཤག	The water boiled [evidence without witness].
ཁོང་གིས་	
ཁོང་གིས་ཆུ་བཀོལ་ཤག	He boiled the water.
མཆོད་	
ཁོང་གིས་ཆུ་མཆོད་པ་རེད།	He drank the water.
ཁོལ་མ་	
ཁོང་གིས་ཆུ་ཁོལ་མ་མཆོད་པ་རེད།	He drank the boiled water.
བདུང་	
ངས་ཆུ་ཁོལ་མ་བདུང་པ་ཡིན།	I drank the boiled water.

སློང་བདར་ཉི་ཤུ་པ།

ཁོས་ཁ་ལག་ཞིམ་པོ་ཅིག་བཟོས་སོང་།	He made some delicious food.
བཟས་	
ཁོས་ཁ་ལག་ཞིམ་པོ་ཅིག་བཟས་སོང་།	He ate some delicious food.
ཁོང་གིས་	
ཁོང་གིས་ཞལ་ལག་སྐྱོ་པོ་ཅིག་མཆོད་སོང་	He ate some delicious food (hon.).

24

སྦྱོང་བདར་ཉི་ཤུ་པ།

དེ་

ཁོང་གིས་ཞལ་ལག་སྐྱོ་པོ་དེ་མཆོད་སོང་།

He ate that delicious food (hon.).

རྒྱུ་རེད་

ཁོང་གིས་ཞལ་ལག་སྐྱོ་པོ་དེ་མཆོད་རྒྱུ་རེད་

He has not yet eaten that delicious food. [the agentive case (གིས་) is usually dropped in the future tense except where special emphasis is desired]

ང་

ང་ཁ་ལག་ཞིམ་པོ་དེ་བཟའ་རྒྱུ་ཨིན།

I have not yet eaten that delicious food. (non-hon.).

འོ་མ་

ང་འོ་མ་ཞིམ་པོ་དེ་འཐུང་རྒྱུ་ཨིན།

I have not yet drank that delicious milk.

ཚོག་ཚོག་

ང་འོ་མ་ཞིམ་པོ་དེ་བཏུང་ཚོག་ཚོག་ཨིན།

I am ready to drink that delicious milk.

ཆང་

ང་ཆང་ཞིམ་པོ་དེ་བཏུང་ཚོག་ཚོག་ཨིན།

I am ready to drink that delicious chang.

ད་ལྟ་

ད་ལྟ་ང་ཆང་ཞིམ་པོ་དེ་བཏུང་ཚོག་ཚོག་ཨིན།

Now I am ready to drink that delicious chang.

ཡོང་

ད་ལྟ་ང་ཆང་ཞིམ་པོ་དེ་འཐུང་ཡོང་ཡོད།

Now I have time to drink that delicious chang.
[ཡོང་ requires preceding present tense].

ཡུང་

ད་ལྟ་ང་ཆང་ཞིམ་པོ་དེ་འཐུང་ཡོང་ཡུང་།

Now I have time to drink some delicious chang.

མ་

ད་ལྟ་ང་ཆང་ཞིམ་པོ་དེ་འཐུང་ཡོང་མ་ཡུང་།

Now I haven't the time to drink some delicious chang.

ཁྱེད་རང་རྐུབ་བཀྱགས་ག་པར་བཞུགས་གས།	On which chair will you sit?
ཁྱེད་རང་རྐུབ་བཀྱགས་ག་པར་བཞུགས་པ།	On which chair were you sitting?
ཁྱེད་རང་ལུང་པ་ག་པར་བཞུགས་པ།	In which country were you staying?
ཁྱེད་རང་ལུང་པ་ག་ནས་ཡིན་པ།	Which country are you from?
ཁྱེད་རང་ལུང་པ་ག་ནས་ཡིནས་པ།	Which country were you coming form?
ཁྱེད་རང་ལུང་པ་ག་ནས་ཡིནས་གི་ཡོག	Which country are you coming from (hon.)?
ཁྱེད་རང་ལམ་ཁག་ག་ནས་ཡིནས་གི་ཡོག	Which road are you coming from?
ཁྱེད་རང་ལམ་ཁག་ག་གིར་ཡིནས་གི་ཡོག	Which road are you going to?
ཁྱེད་རང་ཁང་པ་ག་གིར་ཡིནས་གི་ཡོག	Which house are you going to?
ང་ཚོ་ཁང་པ་ག་གིར་ཡིནས་གི་ཡོག	Which house are we going to?
ང་ཚོ་ཁང་པར་ག་དུས་ཡིནས་གི་ཡོག	When are we going to the house?
ང་ཚོ་ཁང་པ་ཡ་གིར་ག་དུས་ཡིནས་གི་ཡོག	When are we going to that house up there?
ང་ཚོ་ཁང་པ་ཡ་གིར་ག་དུས་ཡིནས་གས	When will we go to that house up there?

སྦྱོང་བདར་ཉི་ཤུ་རྩ་གཉིས་པ།

ཕྱི་པོ་བྱུས་སོང་།   (S/he/you) is late.

ཕྱིན།

ཕྱི་པོར་ཕྱིན་སོང་།   (S/he) went late.

ཕྱི་ལོགས་ལ།

ཕྱི་ལོགས་ལ་ཕྱིན་སོང་།   (S/he) went outside.

ཁག

ཕྱི་ལོགས་ལ་ཕྱིན་ཁག   (S/he) went outside [evidence w/o witness].

རན།

ཕྱི་ལོགས་ལ་འགྲོ་རན་ཁག   It's time to go outdoors.

[རན་ requires a preceding present tense].

ཅེད་མོ་རྩེ།

ཕྱི་ལོགས་ལ་ཅེད་མོ་རྩེ་རན་ཁག   It's time to play outside.

སྙིང་འདོད་ཀྱི་འདུག

ཕྱི་ལོགས་ལ་ཅེད་མོ་རྩེ་སྙིང་འདོད་ཀྱི་འདུག   (S/he/they/I/we) want to play outside.

ནམ་རྒྱུན་

ནམ་རྒྱུན་ཕྱི་ལོགས་ལ་ཅེད་མོ་རྩེ་སྙིང་ འདོད་ཀྱི་འདུག   Usually (s/he/they/I/we) want to play outside.

ཅེས་པ་རེད

ནམ་རྒྱུན་ཕྱི་ལོགས་ལ་ཅེད་མོ་ཅེས་པ་རེད།   Usually s/he/they played outside.

པུ་གུས་

ནམ་རྒྱུན་པུ་གུས་ཕྱི་ལོགས་ལ་ཅེད་མོ་ཅེས་ པ་རེད།   Usually the child played outside.

དེ་རིང་

དེ་རིང་པུ་གུས་ཕྱི་ལོགས་ལ་ཅེད་མོ་ཅེས་པ་ རེད།   Today the child played outside.

སློང་བདར་ཅེ་ཀུ་ཅ་གཉིས་པ།

ཕྲུ

དེ་རིང་ཕྲུ་གུས་ཕྱི་ལོགས་ལ་ཉིད་མོ་རྩེས་རྒྱུ་རེད།

The child has not yet played outside today.

སློང་བདར་ཅེ་ཀུ་ཅ་གསུམ་པ།

གྲོགས་པོ་ཚོར་ཁོང་ཁྲོ་ཟ་གི་མི་འདུག

Do not become angry at friends.

ངོ་ཤེས

ངོ་ཤེས་པ་ཚོར་ཁོང་ཁྲོ་ཟ་གི་མི་འདུག

Do not become angry at acquaintances.

གསུངས་པ་རེད

ངོ་ཤེས་པ་ཚོར་ཁོང་ཁྲོ་ཟ་གི་མི་འདུག་ཅེ་གསུངས་པ་རེད།

"Do not become angry at acquaintances."
s/he said.

ཁྱི་ལ

ཁྱི་ལ་ཁོང་ཁྲོ་ཟ་གི་མི་འདུག་ཅེ་གསུངས་པ་རེད།

"Do not become angry at dogs."
s/he said.

ལབ

ཁྱི་ལ་ཁོང་ཁྲོ་ཟ་གི་མི་འདུག་ཅེ་ལབ་པ་རེད།

"Do not become angry at dogs."
s/he said (non-hon.).

ཆུང་ཆུང

ཁྱི་ཆུང་ཆུང་ལ་ཁོང་ཁྲོ་ཟ་གི་མི་འདུག་ཅེ་ལབ་པ་རེད།

"Do not become angry at small dogs."
s/he explained.

ཞེ་དྲག

ཁྱི་ཆུང་ཆུང་ལ་ཁོང་ཁྲོ་ཞེ་དྲག་ཟ་གི་མི་འདུག་ཅེ་ལབ་པ་རེད།

"Do not become very angry at small dogs." s/he explained.

སློང་བ་དར་ཇི་ཀུ་རྩ་གསུམ་པ།

སོང་

ཁྱི་ཆུང་ཆུང་ལ་ཁོང་ཁྲོ་ཞེ་དྲག་ཟ་གི་མེ་
འདུག་ཟེ་ལཔ་སོང་།

"Do not become very angry at
small dogs," s/he explained.

སློང་བ་དར་ཇི་ཀུ་རྩ་བཞི་པ།

ང་ལས་ཀ་བྱེད་གི་ཡོད།

I am doing work.

བྱས་

ངས་ལས་ཀ་བྱས་པ་ཡིན།

I did some work.

ཆར་

ངས་ལས་ཀ་བྱས་ཆར་པ་ཡིན།

I finished the work.

ཁྱེད་རང་གིས་

ཁྱེད་རང་གིས་ཕྱག་ལས་གནང་ཆར་པ་རེད།

You finished the work.

འགོ་བཙུགས་

ཁྱེད་རང་གིས་ཕྱག་ལས་འགོ་བཙུགས་པ་
རེད།

You began work.

མདངས་དགོང་

མདངས་དགོང་ཁྱེད་རང་གིས་ཕྱག་ལས་
འགོ་བཙུགས་པ་རེད།

Last night you began work.

ཁོང་ཚོས་

མདངས་དགོང་ཁོང་ཚོས་ཕྱག་ལས་འགོ་
བཙུགས་པ་རེད།

Last night they began work.

དོ་དགོང་

དོ་དགོང་ཁོང་ཚོས་ཕྱག་ལས་འགོ་འཛུགས་
གི་རེད།

Tonight they will begin work.

29